Das kleine **Keksbuch II**

Edition Servus, Band 6

IMPRESSUM

Eine Edition Servus Originalausgabe

Oberst-Lepperdinger-Straße 11-15, A-5071 Wals bei Salzburg

Herausgeber Karl Abentheuer
Chefredakteur Andreas Kornhofer
Autor Andreas Oberndorfer
Redaktion Uschi Korda
Creative Director Markus Kietreiber
Grafik Verena Bartosch
Fotoredaktion Sabina Dzinic (Ltg.), Jacklina Fuchs, Martin Kreil
Rezeptfotos Peter Mayr
Rezeptstyling Bernadette Wörndl

Lektorat Hannes Hessenberger (Ltg.), Petra Hannert, Mag. Monika Hasleder, Billy Kirnbauer-Walek, Klaus Peham, Mag. Vera Pink
Herstellung Michael Bergmeister
Produktion Veronika Felder, Claudia Müller
Lithografie Claudia Heis, Josef Mühlbacher

Druck Druckerei Theiss GmbH,
9431 St. Stefan im Lavanttal

ISBN 978-3-902553-15-7

E-Mail redaktion@servusmagazin.at
www.servusmagazin.at

Ein Produkt aus dem **Red Bull Media House**

Bildnachweis
Cover: Eisenhut & Mayer
www.petermayr.com, Mauritius Images, Alexi Pelekanos, Corbis, Stock Food

Inhalt

Herzlich willkommen

Aufgepasst: Hier wird genascht, aber richtig! Es ist die Zeit gekommen, in der geschlemmt werden darf, aus vollem Herzen und mit voller Überzeugung. Das schönste Fest des Jahres naht und schickt seine kulinarischen Vorboten.

Überall kann man sie schon riechen. Jedes Haus ist eine Bäckerei. Es wird gerührt, geknetet, gewürzt, verziert. Und wenn man gerade nicht hinschaut, wird flugs ein kleiner Finger in die Teigschüssel getaucht, um verbotenerweise zu naschen. Mit großen Augen verfolgen die Kinder durchs Backrohrfenster, was da alles entsteht, das leider gleich wieder verschwinden wird, um erst im Advent wieder aufzutauchen.

Unsere Leser, unsere Ratgeber und die Redaktion haben Archive durchforstet, Bücher studiert und mit erfahrenen Bäckerinnen und Bäckern gesprochen. Als Ergebnis servieren wir Ihnen feinste Kekse aus ganz Österreich.

Alle Rezepte basieren auf traditionellen Backmethoden, manche sind nur in ganz bestimmten Gegenden daheim, viele unter verschiedenen Namen im ganzen Land verbreitet. Schließlich waren manche Zubereitungsarten so überzeugend, dass sie sich seinerzeit in Windeseile verbreitet haben. Andere Süßigkeiten wiederum sind von weit her in die heimischen Täler und Berge gezogen und haben dort Weihnachtsbäume und -tische erobert. Und so haben Kinder und andere Naschkatzen bis heute viel Freude daran.

Wir wünschen gutes Gelingen beim Keksebacken und süße Feiertage!

Die Redaktion

Alle Jahre wieder …

ES DARF GENASCHT WERDEN!

EIN RARES VERGNÜGEN …

Zu hohen Feiertagen wurden und werden immer und überall Süßigkeiten verzehrt. Menschen, die nicht dem Adel und dem Klerus angehörten, konnten sich derlei einst während des Jahres nicht leisten: Gesüßt wurde vorwiegend mit Honig, der ebenso wie die orientalischen Gewürze, die in die kleinen Gebäcke eingearbeitet wurden, für Normalbürger unerschwinglich war – gar nicht zu reden vom importierten Rohrzucker.
Erst Mitte des 19. Jahrhunderts wurde in Deutschland der Rübenzucker erfunden. Von da an gab es kein Halten mehr. Eine süße Welle schwappte über das Land.

… WIRD POPULÄR

Nun erreichten alle Zubereitungsarten und Rezepte, die bisher nur den hohen Ständen vorbehalten waren, auch die einfache Bevölkerung. Es wurde also, speziell vor Weihnachten, drauflos gebacken. „Kekse" nannte man die Bäckereien erst ab dem frühen 20. Jahrhundert. Damals wählte der Hannoveraner Fabriksbesitzer Hermann Bahlsen diese Bezeichnung für ein von ihm hergestelltes Feingebäck, das fortan namensgebend für kleine, süße Bäckereien aller Art wurde.

EINFACHES PRINZIP

Der größte Teil der Weihnachtsbäckereien wird aus zwei verschiedenen Massen hergestellt: dem Mürbteig und der Makronenmasse. Besteht Ersterer im Wesentlichen aus Mehl, Butter, Eiern und Zucker, genügen als Basis für die Makronen, die in Österreich als „Busserln" geläufig sind, Eischnee und Staubzucker. Auch Lebkuchenteig ist als Basis für viele Weihnachtssüßigkeiten üblich. Wie man diese Grundteige dann würzt und variiert – daraus besteht die Kunst des Backens.

CHRISTBAUMSCHMUCK

Nahezu alle Bäckereien, die auf den folgenden Seiten vorgestellt werden, kann man auch als Christbaumschmuck verwenden. Wenn es gar nicht anders geht, wickelt man sie in buntes Seidenpapier, bindet eine Goldschnur daran und hängt sie mit einem Haken an den Baum. Noch einfacher ist es, wenn man sie in Ringen bäckt, wie es etwa bei der Windbäckerei (Seite 60) üblich ist.

Damit folgt man einer uralten Tradition. Denn schon die allerersten Christbäume (der erste stand im Jahr 1484 im Elsass) wurden mit Essbarem geschmückt. In den darauffolgenden Jahrhunderten waren es neben Gebäck auch Äpfel, Nüsse (beide sogar vergoldet) und bunte Papierblüten. Alles wurde daheim gebacken, verziert oder gebastelt.

Christbaumkerzen sind ab dem 17. Jahrhundert dokumentiert. Zunächst ausschließlich in Adelshäusern verbreitet, weil Wachs sehr teuer war, behalfen sich die einfachen Leute später mit Talgleuchten, die mit Nadeln an den Ästen befestigt wurden. Kerzenhalter, so wie sie heute noch üblich sind, gibt es seit dem späten 19. Jahrhundert.

Kurz davor hatten auch industriell erzeugte Glaskugeln und Lametta ihren Einzug in den weihnachtlichen Haushalt gehalten. In Österreich wurden Glasgebilde zum Aufhängen erstmals vor dem Ersten Weltkrieg erzeugt. Und seit den 1920er-Jahren leuchteten die Kerzen bereits elektrisch.

Glossar

FACHBEGRIFFE & REGELN ZU UNSEREN REZEPTEN

ABGLÄNZEN: Die Oberfläche der Kekse vor dem Backen mit Eiklar überziehen.

ABTRIEB: Butter-Dotter-Mischung. Weiche Butter und Eidotter werden so lange mit dem Schneebesen oder Mixer verrührt, bis eine homogene Masse entstanden ist.

AUF SICHT BACKEN: Die wenigsten Herde halten die Backtemperatur konstant richtig. Bei allen unseren Rezepten gilt daher: den Bräunungsgrad ständig durch das Fenster in der Ofentür kontrollieren!

AUSRADELN: Mit einem Teigrad bestimmte Formen aus dem Teig ausschneiden.

BACKMATTEN: Dünne Matten, zumeist aus Silikon, die man als wiederverwendbaren Backpapierersatz, aber auch zum Teigausrollen nehmen kann. Wenn man Mürbteig zwischen zwei Backmatten

Traditionelle Formen für Weihnachtsgebäck.

ausrollt, wird der Teig mit etwas Geschick schön gleichmäßig dick.

BELEGFRÜCHTE: Kandierte Früchte, die vor dem Backen auf die Kekse gelegt werden.

BRANDIG: Wird der Mürbteig, wenn man ihn zu lange knetet oder zu warm verarbeitet. Dann verliert er seine Bindung, das eingearbeitete Fett tritt wieder aus, der Teig bricht.

FORMEN: Traditionelle Weihnachtskekse werden als Sterne, Halbmonde mit oder ohne Nase, Herzen, Weihnachtsbäume, Kometen und Engel gebacken. Traditionell sind aber auch alle Formen des Vierecks, Dreiecke, Kreise oder Ovale, die zum Teil noch vorchristliche Symbole darstellen.

HIRSCHHORNSALZ: Backtriebmittel, das früher aus erhitztem Horn (Hörner, Klauen, Hufe etc.) hergestellt wurde. Heute ist es ein Gemisch aus Ammoniumchlorid, Kalziumkarbonat und Holzkohle. Im Handel auch als Ammoniumkarbonat oder einfach Ammonium bekannt.

KEKSE RICHTIG AUFBEWAHREN

Die idealen Lagerbedingungen für unsere Bäckereien richten sich nach zwei Faktoren: der Grundmasse und einer eventuellen Oberflächenbehandlung.

- ***Mürbteiggebäck*** sollte nach dem Backen einige Tage in der feuchten Luft in einem gut verschlossenen Gefäß mürb werden.
- ***Busserln/Makronen*** werden in einer luftigen Schachtel aufbewahrt, weil sie nicht klebrig werden sollen. Am besten legt man sie schichtweise ein und trennt die einzelnen Schichten mit Backpapier voneinander.
- ***Lebkuchen*** werden in einem gut schließenden Gefäß aufbewahrt, weil sie saftig bleiben sollen. Können so sehr lange gelagert werden.
- ***Glasiertes Gebäck*** Egal ob Busserln oder Mürbgebäck, ob Schokolade- oder Zuckerglasur: Überzogenes Gebäck wird immer mit Backpapier in Schichten voneinander getrennt.
- ***Schokoladegebäck*** muss trocken, kühl und aromageschützt gelagert werden.

Dunkle oder helle Kuvertüre wird zum Glasieren zerlassen.

KUVERTÜRE (COUVERTURE): Kochschokolade; gibt es als dunkle, als weiße und als Milchschokolade.

MAKRONEN: Bei uns in Österreich meist als ***Busserln*** bezeichnet. Die Makronenmasse basiert immer auf einer Eischnee-Staubzucker-Mischung, die unterschiedlich gewürzt wird. Sie wird mit einem Teelöffel oder einem Spritzsack aufs Backblech gesetzt.

MEHLBESEN: Sehr dünner, meist 30 cm langer Handbesen ohne Stiel mit dichten Borsten zum Sammeln und Verteilen des Mehls auf einer Fläche, auf der ein Teig ausgerollt wird.

MÜRBTEIG: Die meisten hier angeführten Rezepte basieren auf süßem Mürbteig. Das ist im Prinzip eine Mischung aus 3 Teilen Mehl, 2 Teilen Fett (in der Regel Butter) und 1 Teil Zucker. Er wird deshalb verbreitet auch „1-2-3-Teig" genannt.

☞ Mürbteig muss ***rasch verarbeitet*** werden und darf nicht zu warm sein. Geben Sie ihn vor der Weiterverarbeitung eine halbe Stunde in den Kühlschrank.

☞ Wenn man aus Mürbteig ausgestochene Kekse vor dem Backen ein paarmal ***mit der Gabel einsticht,*** geht das Gebäck nicht so stark auf. Das ist manchmal, z. B. bei später zusammengeklebten Keksen, durchaus wünschenswert.

☞ Die Kekse aus dem Mürbteig mit möglichst wenig Abstand ausstechen! Der verbliebene Teig kann noch ***maximal ein zweites Mal*** kurz verknetet und ausgerollt werden, sonst wird er brandig (siehe Seite 8).

POTTASCHE: Backtriebmittel, auch als Kaliumkarbonat geläufig. Wird meist bei der Herstellung von Lebkuchenteig verwendet, häufig auch in Kombination mit Hirschhornsalz (siehe Seite 9).

SPRITZ- ODER DRESSIERSACK: Kunststoffsack mit Gewinde zum Aufbringen einer Tülle.

TÜLLE: Aufsatz, durch den die Backmasse aufs Blech gedrückt wird. Gibt es u. a. mit rundem oder sternförmigem Loch in verschiedenen Größen, die angeführten Nummern bezeichnen den Durchmesser in Millimeter. Unsere Busserln und Makronen wurden mit Tüllen der Größen 9 bis 11 aufgespritzt.

Mit Dressiersack und Tülle lassen sich kleine Kunstwerke schaffen.

INFORMATIONEN ZU DEN REZEPTEN

Backblech: Wenn nicht anders angegeben, wird das Blech immer mit Backpapier ausgelegt.

Eier: Die angegebenen Mengen an Dotter und Eiklar beziehen sich auf Eier der Größe M (mittel).

Herd: Die Angaben zu Temperaturen und Backzeiten beziehen sich auf elektrische Backrohre. Gebacken wird, wenn nicht anders angegeben, im vorgeheizten Rohr bei Ober- und Unterhitze.

Mehl: Wenn nicht anders angegeben, verwenden wir Weizen-Universalmehl (Type W 480).

Mengen: Die Zutatenmengen bei unseren Rezepten ergeben zwischen 400 und 600 g Kekse (zwei Backbleche).

Almnüsse

TIROL

ZUTATEN

250 g Mehl
80 g Staubzucker
1 Ei
1 Prise Salz
½ Pkg. Vanille-zucker
½ Stamperl Rum
Saft und Schale von ½ Zitrone
60 ml Obers

Butterschmalz zum Herausbacken
Zimt und Zucker zum Wälzen

ZUBEREITUNG

1. Alle Zutaten vermischen und gut durchkneten, bis der Teig glatt ist. 15 Minuten rasten lassen.
2. Rollen ausformen, kleine Stücke abschneiden und daraus Kugeln rollen.
3. Die Kugeln in Butterschmalz ausbacken und in Zimt-Zucker-Gemisch wälzen.

Biberle

VORARLBERG

ZUTATEN

125 g Honig
2 EL Öl
75 g brauner Zucker
200–225 g Mehl
1 gehäufter TL Backpulver
2 TL Lebkuchengewürz
300 g Marzipanrohmasse

ZUBEREITUNG

1. Honig, Öl und Zucker erhitzen, bis der Zucker aufgelöst ist.
2. Nach dem Abkühlen mit Mehl, Backpulver und Lebkuchengewürz zu einem festen Teig verkneten. 1 Stunde im Kühlschrank rasten lassen.
3. Aus der Marzipanmasse 4 Rollen mit je 1 cm Durchmesser formen. Aus dem Teig auf wenig Mehl 4 Rechtecke (ca. 24 × 7 cm) ausrollen und damit die Marzipanrollen umhüllen.
4. Die Rollen im Abstand von 1,5 cm schräg schneiden, sodass Dreiecke entstehen. Im auf 180 °C vorgeheizten Ofen 20 Minuten backen.

Christbaumschokolade

VON GERTRUDE MAGRUTSCH, WAIDENDORF/NIEDERÖSTERREICH

ZUTATEN

300 g Ceres
300 g Zucker
100 g Kakao
100 g geriebene Nüsse
1 Pkg. Vanillezucker
3 EL Mehl
etwas Rum

ZUBEREITUNG

1. Ceres erwärmen und die restlichen Zutaten einmischen.
2. Die flüssige Masse in geschlossene kleine Formen füllen und im Schnee erstarren lassen (falls noch kein Schnee liegt, tut es natürlich auch ein Kühlschrank).
3. Dann aus den Formen stürzen, in weihnachtliches Papier wickeln und an den Christbaum hängen.

Servus-Tipp:
Unterschiedlichen Schokoladegeschmack erzielen Sie, wenn Sie der Masse gehackte Haselnüsse, Aranzini o. Ä. beimengen.

Dotterbusserln

KÄRNTEN

ZUTATEN

250 g Marzipanrohmasse
30 g Staubzucker
3 Eidotter
abgeriebene Schale von 1 Zitrone,
Mark von ½ Vanilleschote
Salz

kandierte Belegfrüchte
Eiklar zum Abglänzen
geschmolzene Kuvertüre zum Tunken

ZUBEREITUNG

1. Alle Zutaten mit den Händen gut abmischen.
2. Die Masse mit einer Stern- oder Lochtülle der Größe 5 in verschiedenen Formen und Figuren auf Backpapier dressieren. Mit Belegfrüchten belegen.
3. Die Busserln im Rohr bei 220 °C Oberhitze auf Sicht ca. 5 Minuten lang eher abflammen als backen. Danach noch heiß sofort dünn mit Eiklar abglänzen.
4. Nach dem Auskühlen den Boden der Busserln in Kuvertüre tunken und auf Backpapier trocknen lassen.

Servus-Tipp:
Statt mit den kandierten Belegfrüchten schmecken die Makronen auch mit Mandelstückchen bestreut sehr gut.

Dressierte Linzer

OBERÖSTERREICH

ZUTATEN

220 g Butter
80 g Zucker
1 Ei
8 g Vanillezucker
geriebene Schale von 1 Zitrone
300 g Mehl
½ EL Kakao
1 EL Milch

Marmelade (Marillen oder Ribisel)
geschmolzene Kuvertüre zum Tunken

ZUBEREITUNG

1. Butter und Zucker schaumig rühren (nicht zu lange), Ei, Vanillezucker und Zitronenschale einmischen und Mehl unterheben. Milch mit Kakao verrühren.
2. Die Masse in zwei Hälften teilen, in eine Hälfte den Kakao einrühren. Die beiden Massen jeweils mit einer größeren Sterntülle in Kipferlform auf ein mit Backpapier ausgelegtes Blech dressieren und 10–12 Minuten bei 170 °C backen.
3. Nach dem Auskühlen je zwei gleichfarbige Kipferln mit Marmelade bestreichen, zusammensetzen und die Enden in die Kuvertüre tunken.

Eierlikörkekserln

BURGENLAND

ZUTATEN

200 g Mehl
1 EL Eierlikör
2 Dotter
80 g Staubzucker
100 g Butter

Für die Creme:

50 g Butter
100 g weiße Schokolade
6 EL Eierlikör

ZUBEREITUNG

1. Aus den Zutaten einen feinen Mürbteig bereiten. 1 Stunde im Kühlschrank rasten lassen. Ausrollen und Kekserln ausstechen. Bei 180 °C etwa 8 Minuten backen.
2. Für die Creme Butter schaumig rühren. Schokolade in einem Wasserbad zum Schmelzen bringen und mit dem Eierlikör unter die Butter mischen. Je zwei Kekse mit dieser Creme zusammenkleben.

Servus-Tipp:
Sie können aus diesem Rezept verschiedene Geschmacksvarianten herstellen, indem Sie statt Eierlikör z. B. Orangen- oder Zitronenlikör verwenden.

Eisenbahner

ÖSTERREICH

ZUTATEN

Mürbteig:

130 g Mehl
80 g Butter
50 g Staubzucker
etwas geriebene Zitronenschale
1 Dotter
10 g Vanillezucker
1 Prise Salz

Makronenmasse:

170 g Rohmarzipan
30 g sehr fein gesiebter Staubzucker
15 g Butter
1 Eiklar

200 g Ribiselmarmelade

ZUBEREITUNG

1. Alle Zutaten für den Mürbteig rasch verarbeiten. Mit Klarsichtfolie bedeckt im Kühlschrank 2 bis 3 Stunden rasten lassen.
2. Auf einer bemehlten Arbeitsplatte den Teig 3 mm dick ausrollen und in 4 cm breite und 25 cm lange Streifen schneiden. Auf ein vorbereitetes Backpapier legen. Mit einer Gabel den Mürbteig mehrmals einstechen und im vorgeheizten Backrohr 6 bis 8 Minuten bei ca. 175 °C vorbacken.
3. Für die Makronenmasse alle Zutaten gut vermischen und glatt rühren.
4. Mit einem Spritzsack mit glatter Tülle jeweils 2 Bahnen auf die Außenseiten der vorgebackenen Mürbteigstreifen aufspritzen. Kurz im Backrohr bei ca. 190 °C trocknen.
5. Die Marmelade erhitzen.
6. Die gebackenen Streifen aus dem Rohr nehmen und die noch heiße Innenfläche mit heißer Marmelade ausfüllen. Abkühlen lassen und in 2 cm breite Vierecke schneiden.

Fondant

ÖSTERREICH

ZUTATEN

30 ml Glukosesirup
500 g Staubzucker
1 Eiklar
Kokosfett

Lebensmittelfarbe und Aromen nach Geschmack

ZUBEREITUNG

1. Den Glukosesirup leicht erwärmen. Staubzucker in eine Schüssel sieben. Den Glukosesirup und das Eiklar dazugeben und alles gut vermischen.
2. Eine Arbeitsfläche leicht mit dem Kokosfett bestreichen und auch die Hände damit einfetten. Gewünschte Farbe und Aroma zur Fondant-Mischung geben und alles so lange kneten, bis sie zu einer homogenen Masse geworden ist. Sie sollte sich elastisch und geschmeidig anfühlen.
3. Verschiedenste Formen ausstechen und erstarren lassen.

Servus-Tipp:
Falls man zu viel Farbe verwendet hat, wird der Fondant eventuell zu weich. Das kann man mit etwas Staubzucker beheben.

Gefüllter Lebkuchen

STEIERMARK

ZUTATEN

300 g Honig
2 EL Öl
150 g Kristallzucker
1 TL Lebkuchengewürz
etwas geriebene Zitronenschale
1 TL Vanillezucker
480 g Mehl
1 TL Backpulver
1 Ei
1 Eidotter
150 g geriebene Mandeln
Salz
120 g fein gehackte Aranzini

Ribiselmarmelade zum Bestreichen
250 g Aranzini, Zitronat, Schokostücke, Rosinen und Walnüsse

Milch zum Bestreichen

ZUBEREITUNG

1. Honig, Öl, Zucker, Lebkuchengewürz, Zitronenschale und Vanillezucker unter ständigem Rühren aufkochen und anschließend abkühlen lassen.
2. Mehl und Backpulver gut vermischen. Honigmischung, Ei, Eidotter, geriebene Mandeln, Salz und gehackte Aranzini zugeben und zu einem glatten Teig verkneten. In Frischhaltefolie wickeln und mindestens 1 Stunde im Kühlschrank rasten lassen.
3. Die Hälfte des Honigteigs ca. 1 cm dick auf Backpapier ausrollen und in eine Keramikform legen. Mit Ribiselmarmelade bestreichen und die Früchte-Schoko-Nuss-Mischung 1 cm hoch darauf verteilen.
4. Die andere Hälfte des Teiges ebenfalls ausrollen und über die Früchtemischung legen. Auf allen Seiten fest verschließen.
5. Mit Milch bestreichen und bei 180 °C ca. 30 Minuten lang backen.
6. Einige Stunden rasten lassen. Dann in beliebige Stücke schneiden.

Servus-Tipp:
Den gefüllten Lebkuchen kann man gut verschlossen wochenlang lagern. Er wird dabei immer besser.

Hausfreunde

WIEN

ZUTATEN

150 g gemischte Aromaten: Aranzini, Zitronat, Schokostücke, Rosinen und Walnüsse
200 ml Rum
140 g Zucker
2 Eier
210 g Mehl
1 TL Zimt
1 Msp. Natron

geschmolzene Kuvertüre zum Glasieren

ZUBEREITUNG

1. Zur Vorbereitung die gemischten Aromaten über Nacht mit Rum bedeckt stehen lassen. Vor der Zubereitung in einem Sieb gut abtropfen lassen.
2. Zucker und Eier schaumig rühren. Zimt und Natron einmischen, das Mehl mit dem Schneebesen unterheben. Dann die abgetropften eingelegten Früchte einrühren.
3. Die Masse 1 cm dick auf ein mit Backpapier ausgelegtes Backblech aufstreichen. Im Rohr bei 180 °C 15 bis 20 Minuten lang backen.
4. Noch warm in kleine Rechtecke schneiden, abkühlen lassen und dann in die Kuvertüre tunken.

Honigbrot

BURGENLAND

ZUTATEN

300 g Weizenmehl
300 g Roggenmehl
250 g Honig
250 g Staubzucker
1 TL Natron
2 Eier
2 Dotter

1 Ei zum Bestreichen

ZUBEREITUNG

1. Alle Zutaten zu einem Teig verkneten und mindestens 1 Stunde rasten lassen.
2. Den Teig dünn ausrollen und mit Keksformen oder Modeln Figuren ausstechen.
3. Mit Ei bestreichen und bei 200 °C auf Sicht etwa 7 Minuten lang backen.

Ischler Taler

STEIERMARK

ZUTATEN

240 g Butter
150 g Staubzucker
je 1 Prise Salz, Zimt und Nelkenpulver
1 TL geriebene Zitronenschale
250 g glattes Mehl
130 g fein geriebene und geröstete Haselnüsse

100 g passierte Ribiselmarmelade
300 g dunkle geschmolzene Kuvertüre
geriebene Haselnüsse zum Bestreuen

ZUBEREITUNG

1. Butter, Zucker, Salz, Zimt, Nelkenpulver und Zitronenschalen vermischen. Mit Mehl und Nüssen rasch zu einem geschmeidigen Teig verarbeiten und mindestens 1 Stunde im Kühlschrank rasten lassen.
2. Den Teig auf einer bemehlten Fläche dünn auswalken und mit einer runden Form (3 cm Durchmesser) ausstechen. Auf ein Backpapier legen und im Rohr bei 160 °C Umluft etwa 10 Minuten backen.
3. Die ausgekühlten Kekse mit Marmelade zusammensetzen und in die Kuvertüre tunken. Den noch weichen Überzug mit Nüssen bestreuen.

Kaffeekugerln

OBERÖSTERREICH

ZUTATEN

170 g glattes Mehl
150 g Butter
70 g fein gesiebter Staubzucker (oder Feinkristallzucker)
1 Dotter
1 Prise Zimt
100 g fein geriebene Haselnüsse
2 cl Kaffeelikör
5 g Instant-Kaffeepulver
ca. 80 ganze Haselnüsse

Zum Wälzen:
1 Dotter, mit etwas Wasser verrührt
100 g gemahlene Haselnüsse

Zum Verzieren:
100 g helle oder dunkle Kuvertüre
ca. 10 g Kokosfett

ZUBEREITUNG

1. Alle Zutaten mit Ausnahme der ganzen Haselnüsse in eine Schüssel oder auf eine Arbeitsfläche geben. Mit den Händen vermischen und rasch zu einem Mürbteig verarbeiten. Mit Klarsichtfolie abgedeckt ca. 1 Stunde im Kühlschrank rasten lassen.
2. Den Teig auf einer bemehlten Arbeitsfläche oder zwischen zwei Backmatten ausrollen. Überschüssiges Mehl vor dem Ausstechen mit einem Mehlbesen oder einem Pinsel abkehren. Vom Teig kleine Stücke abstechen und je eine Haselnuss als Fülle hineindrücken. Zu kleinen Kugeln rollen. Diese durch das Dotter-Wasser-Gemisch ziehen und in den gemahlenen Haselnüssen wälzen.
3. Die Kugerln auf ein Backblech setzen und im vorgeheizten Backrohr bei 170 °C 10 bis 12 Minuten auf Sicht hell backen.
4. Kuvertüre bei geringer Hitze in einem Wasserbad schmelzen. Kokosfett darin auflösen und unterrühren.
5. Die abgekühlten Kugerln zur Hälfte in die Glasur tauchen.

Servus-Tipp:
Anstatt die Kugerln einzutauchen, kann man die Glasur in einen Spritzbeutel füllen und die Kekse mit feinen Streifen verzieren.

Kärntner Hauskekse

KÄRNTEN

ZUTATEN

3 Dotter
1 Pkg. Vanille-zucker
1 kleine Prise Salz
380 g glattes Mehl
210 g kalte Butter
100 g Staubzucker

ZUBEREITUNG

1. Dotter mit Vanillezucker und Salz in einer Schüssel mit dem Mixer verrühren. Mehl mit Butter verbröseln. Staubzucker und verquirlten Dotter zur Mehlbutter geben und alles zu einem glatten Teig verkneten.
2. Den Teig in eine Frischhaltefolie wickeln und ca. 1 Stunde kühl rasten lassen.
3. Das Backrohr auf 180 °C vorheizen. Den Teig durchkneten und auf einer leicht bemehlten Arbeitsfläche etwa 3 mm dick ausrollen.
3. Kekse mit gewünschten Formen ausstechen und auf zwei mit Backpapier ausgelegte Backbleche legen. Im vorgeheizten Rohr auf der mittleren Schiene ca. 11 Minuten hell backen.

Mandel-Lebkuchen

SALZBURG

ZUTATEN

250 g Honig
75 g Margarine
75 g brauner Zucker
1 TL Pottasche (Kalzium-karbonat)
1 EL Wasser
400 g Mehl
1 TL Zimt
je 1 Prise Nelkenpulver, Piment, Kardamom

50 g Mandelblättchen

ZUBEREITUNG

1. Honig, Fett und Zucker unter Rühren erwärmen, bis der Zucker aufgelöst ist, dann abkühlen lassen.
2. Pottasche in Wasser auflösen und mit den restlichen Zutaten mit der abgekühlten Masse verkneten. 1 Stunde kalt stellen.
3. Die Arbeitsfläche mit Mandelblättchen bestreuen und den Teig darauf etwa 1 cm dick ausrollen. Rechtecke in der Größe von etwa 3 × 4 cm ausstechen. Die Lebkuchen im 180 °C vorgeheizten Ofen ca. 18 Minuten backen.

Mistelbacher Taler

VON ROSWITHA KOBER, MISTELBACH/NIEDERÖSTERREICH

ZUTATEN

175g Butter
100g Staubzucker
125g geriebene Haselnüsse
200g Mehl
1 Prise Salz

ZUBEREITUNG

1. Die Butter schaumig rühren. Mit den restlichen Zutaten vermischen und zu einem Teig verkneten.
2. Aus dem Teig eine 4cm dicke Rolle formen und 30 Minuten lang im Kühlschrank rasten lassen.
3. In dünne Scheiben schneiden und mit ausreichend Abstand – die Taler laufen beim Backen etwas auseinander – auf ein mit Backpapier ausgelegtes Blech legen. Bei 180°C 10 bis 15 Minuten lang backen.

Neros

ÖSTERREICH

ZUTATEN

200 g zimmerwarme Butter
90 g fein gesiebter Staubzucker (oder Feinkristallzucker)
1 Prise Salz
3 Eier
1 Dotter
190 g glattes Mehl
25 g fein gesiebter Kakao

Ribiselmarmelade zum Füllen
100 g helle oder dunkle Kuvertüre
5–10 g Kokosfett oder Butter

ZUBEREITUNG

1. Butter mit Zucker und Salz sehr schaumig rühren. Nach und nach Eier und Dotter dazurühren. Mehl mit Kakao vermischen und untermengen.
2. Die Masse in einen Spritzsack mit runder Tülle füllen und kleine runde Häufchen auf ein vorbereitetes Backblech dressieren. Im vorgeheizten Backrohr bei 165 bis 175 °C 8 bis 10 Minuten nicht zu dunkel backen.
3. Kuvertüre bei geringer Hitze in einem Wasserbad schmelzen, sodass sie nur leicht warm ist. Kokosfett oder Butter darin auflösen und unterrühren.
4. Die Hälfte der ausgekühlten Kekse auf der Unterseite mit Marmelade bestreichen und die andere Hälfte daraufsetzen. Bis zur Hälfte in Schokoladeglasur tunken und auf Backpapier trocknen lassen.

Servus-Tipp:
Man kann die Neros auch mit anderen Marmeladen oder mit Cremen füllen. Besonders fein und süß schmecken sie mit Pariser Creme!

Rumkugeln

ÖSTERREICH

ZUTATEN

100 g Kristallzucker
100 g Walnüsse
1 Pkg. Vanillezucker
100 g geriebene Kochschokolade
4 EL Rum (je nach Festigkeit der Masse auch mehr oder weniger)
etwas geriebene Orangenschale

Kristallzucker zum Wälzen oder Kuvertüre zum Tunken

ZUBEREITUNG

1. Die Zutaten vermengen und Rum nach Bedarf beifügen.
2. Kleine Kugeln formen und nach Belieben in Kristallzucker wälzen oder in geschmolzene Kuvertüre tunken.

Sandgebäck

OBERÖSTERREICH

ZUTATEN

250 g Mehl
100 g Staubzucker
1 Prise Salz
150 g kalte Butter
je 50 g Zitronat und Orangeat
abgeriebene Orangenschale nach Geschmack

ZUBEREITUNG

1. Aus allen Zutaten einen Mürbteig kneten. Mit Klarsichtfolie bedecken und 1 Stunde lang im Kühlschrank rasten lassen.
2. Den Teig 5 mm dick ausrollen. Kekse mit beliebigen Formen ausstechen und auf ein mit Backpapier ausgelegtes Blech legen. 12 Minuten lang bei 200 °C ausbacken.

Schokoladesterne

VON EVELYNE BLOCH, VILL/TIROL

ZUTATEN

300 g Butter
300 g Staubzucker
240 g geriebene Haselnüsse
240 g geriebene Kochschokolade

Geriebene Schokolade zum Bestreuen

ZUBEREITUNG

1. Butter in einer Schüssel schaumig rühren. Staubzucker zugeben und mit dem Mixer gut verrühren. Haselnüsse und Schokolade zugeben und die Masse noch einmal gut durchrühren. In einen Spritzsack mit nicht zu kleiner Sterntülle füllen.
2. Kleine gezackte Busserln auf ein befettetes Blech spritzen. (Tipp: Abstand größer halten, da die Busserln auseinanderfließen!)
3. Im vorgeheizten Rohr 10 Minuten lang auf der mittleren Schiene bei ca. 160 °C backen.
4. Noch warm mit geriebener Schokolade bestreuen und auskühlen lassen.

Servus-Tipp:
Statt der geriebenen Schokolade kann man zum Bestreuen auch weißen oder goldenen Streusel nehmen.

Springerle

VORARLBERG

ZUTATEN

2 Eier
250 g Staubzucker
½ TL geriebene Zitronenschale
250 g Mehl
1 Prise Hirschhornsalz

Holzmodel für die Springerle
Butter für das Backblech
Anissamen nach Belieben

ZUBEREITUNG

1. Eier, Staubzucker und Zitronenschale mit den Schneebesen des Mixers dickschaumig schlagen.
2. Mehl und Hirschhornsalz vermischen, zur Eier-Staubzucker-Masse geben. Alles rasch zu einem glatten Mürbteig verkneten.
3. Den Teig auf einer bemehlten Arbeitsfläche ca. 1 cm dick ausrollen. Die Teigoberfläche mit Mehl bestäuben. Die Holzmodel in den Teig drücken und die Springerle mit dem Messer oder einem Teigrad ausschneiden. Die Springerle auf Backpapier legen und offen 24 Stunden bei Zimmertemperatur trocknen lassen.
4. Das Backblech dünn mit Butter bestreichen und nach Belieben mit Anissamen bestreuen. Die Springerle darauf verteilen.
5. Den Backofen auf 150 °C vorheizen. In die obere Schiene ein leeres Backblech schieben, damit die Springerle nicht zu dunkel werden. Das Gebäck bei Ober- und Unterhitze 20 bis 25 Minuten auf der mittleren Schiene backen. Herausnehmen und abkühlen lassen, erst dann vom Backblech lösen.

Theresientascherln

VON MARIA DEUTSCH, MISTELBACH/NIEDERÖSTERREICH

ZUTATEN
150 g Butter
150 g Topfen
300 g Mehl
geriebene Schale und Saft von ½ Zitrone

100 g Ribiselmarmelade
1 Ei zum Bestreichen
Staubzucker zum Bestreuen

ZUBEREITUNG

1. Butter, Topfen und Mehl mit Zitronensaft und -schale zu einem Teig verkneten. 30 Minuten lang rasten lassen.
2. Den Teig auswalken, viereckig ausradeln und in die Mitte Marmelade platzieren.
3. Die Ecken übereinanderschlagen und mit Ei bestreichen. Bei 180 °C 8 bis 10 Minuten lang goldgelb backen. Herausnehmen und mit Staubzucker bestreuen.

Die Unwiderstehlichen

VON MONIKA DAMISCH, WIESING/TIROL

ZUTATEN

140 g Butter
140 g geriebene Nüsse
280 g Staubzucker
4 Rippen Kochschokolade

Kakao zum Bestreuen

ZUBEREITUNG

1. Butter, Nüsse und Zucker gut vermischen.
2. Die Schokolade sanft schmelzen und unter die Masse rühren. Den Teig 1 Stunde lang kühl stellen, Kugeln formen und auf ein ungefettetes Blech legen.
3. Bei 150 °C 10 bis 12 Minuten lang backen. Auskühlen lassen und mit Kakao bestreuen.

Servus-Tipp:
Wenn Sie die Unwiderstehlichen vor dem Backen zusätzlich für 10 Minuten in den Tiefkühler legen, verhindern Sie, dass sie im Ofen auseinanderrinnen.

Wachauer Krapferln

NIEDERÖSTERREICH

ZUTATEN

200 g Butter
270 g glattes Mehl
110 g Staubzucker
2 Eidotter

Für die Creme:

¼ l Milch
½ Pkg. Vanillepudding
250 g Butter
200 g Staubzucker
3 Pkg. Vanillezucker

300 g Kuvertüre zum Glasieren

ZUBEREITUNG

1. Die Butter mit dem Mehl zerbröseln, mit Staubzucker und Eidottern zu einem glatten Teig verarbeiten und 1 Stunde rasten lassen.
2. Den Teig etwa 3 mm dick ausrollen und runde Scheiben ausstechen. Diese auf ein mit Backpapier belegtes Blech setzen und bei 170 °C 10 Minuten lang backen.
3. Für die Creme aus Milch und Puddingpulver einen Pudding laut Packungsangabe zubereiten und auskühlen lassen.
4. Butter schaumig rühren, Pudding, Zucker und Vanillezucker löffelweise unterrühren. Die Creme in einen Spritzsack mit kleiner runder Tülle füllen. Auf die Hälfte der Kekse die Creme dressieren und jeweils eine zweite Scheibe daraufsetzen.
5. Die Kuvertüre erwärmen und die Kekse nur mit der Oberfläche eintauchen. Die Creme soll sichtbar bleiben.

Windbäckerei

ÖSTERREICH

ZUTATEN

3 Eiklar
100 g Feinkristall-zucker
10 g Vanillezucker
100 g Staubzucker
1 Prise Salz

Lebensmittelfarbe nach Belieben

ZUBEREITUNG

1. Eiklar und Salz in einer fettfreien Schüssel mit dem Handmixer dick cremig schlagen. Unter ständigem Weiterschlagen Feinkristallzucker einrieseln lassen, bis ein fester, mattglänzender Eischnee entsteht. Vanille- und Staubzucker darübersieben und mit einem Holz- oder Gummispatel luftig unter den Schnee ziehen.
2. Das Backrohr auf 100 °C Umluft vorheizen.
3. Masse nun nach Wunsch mit Lebensmittelfarbe einfärben oder weiß lassen. In einen Spritzsack mit einer Sterntülle nach Wahl füllen und beliebige Formen auf ein mit Backpapier ausgelegtes Blech spritzen.
4. Im vorgeheizten Backrohr ca. 3 Stunden trocknen. Das Backrohr immer wieder für ein paar Sekunden öffnen, damit die Feuchtigkeit entweichen kann. Nach Ende der Trockenzeit die Ofentür mit einem eingeklemmten Kochlöffel leicht geöffnet halten und die Windbäckerei im ausgeschalteten Ofen auskühlen lassen.

Servus-Tipp:
Wenn man die Bäckerei vor dem Trocknen mit Streusel verziert, erzielt man hübsche optische Effekte.

Bücher & Adressen

WO SIE GUTE KEKSREZEPTE UND KOSTBARE BACKTIPPS FINDEN

Das große österreichische Backbuch: *Franz Schmeißl, Löwenzahn Verlag, 2011*

Das große Buch vom Backen: *h.f. ullmann publishing, 2007*

Das große Buch der österreichischen Mehlspeisen: *Josef Zauner, BLV Verlag, 1997*

Der Große Lafer: Backen. *Johann Lafer, Graefe+Unzer Verlag, 2012*

Konditorei, Patisserie, Bäckerei: *Erich Breiteneder u. a., Trauner Verlag, 2008*

Österreichische Bäuerinnen backen Weihnachtskekse: *Edition Löwenzahn, 2011*

Süße Klassiker – Die feinsten Desserts und Mehlspeisen aus Österreich: *Dietmar Fercher/Andrea Karrer, Residenz Verlag, 2010*

Süßes zur Weihnachtszeit: *Ingrid Pernkopf, Pichler Verlag, 2009*

Weihnachtsbäckerei: *Bernd Siefert, Tre Torri Verlag, 2009*

Weihnachtsbäckerei. Von Anisplätzchen bis Zimtstern: *Gisela Allkemper, Christiane Leesker und Monika Römer, Hölker Verlag, 2005*

Wiener Weihnachtsbäckerei: *Herwig Gasser und Gerhard Loibelsberger, Cadmos Verlag, 2008*

www.ichkoche.at: *die größte österreichische Rezeptseite mit allen Kochkategorien*

www.kexfabrik.at: *hunderte Rezepte, Keksformen und Zubehör zum Bestellen*

Vielen Dank für die Hilfe an die Damen der Buch- und Gewürzhandlung ***Babette's*** *in 1010 Wien, Am Hof 13. Feine Kochbücher finden sich unter* ***www.babettes.at****; bei* ***shop@babettes.at*** *(oder unter* ***Tel. 01/533 66 85****) kann man alle Gewürze bestellen, die man für unsere Rezepte braucht.*

WWW.SERVUSMAGAZIN.AT
Servus
in Stadt & Land
Einfach gut leben
Der Schilfdachmacher
Klassiker vom K
Fest der Farben
Wenn's Herbst wird im Land
Hubertusbrauch in Hintersee ✿ Zu Gast im Thayatal ✿ Thomas Glavinic Am Mondsee
Im Tal der Smaragde ✿ Auf Torbergs Sp
Süße Sch
JEDEN MONAT
NEU ENTDECKEN.
Überall, wo es Zeitschriften gibt.
©Getty Images / iStockphoto